AF254126

SUR

LA CENSURE FACULTATIVE

ET

LA SUSPENSION JUDICIAIRE.

> Les esprits récemment affectés et irrités, n'é-
> coutent que les souvenirs ; ne répondent
> qu'à la mémoire ; ils sont tourmentés, ce
> semble, du besoin de se venger du passé,
> ombre vaine maintenant.
>
> (*Des Concessions* etc.)

PARIS,

A. PIHAN DELAFOREST,

IMPRIMEUR DE MONSIEUR LE DAUPHIN ET DE LA COUR DE CASSATION,

Rue des Noyers, No 37.

1828.

Le salut de l'Etat commande la conservation de la censure facultative, de la suspension judiciaire : il s'agit seulement d'en prévenir l'abus, d'en garantir l'exercice.

A l'égard de la censure, que le pouvoir en soit attribué au Conseil privé, avec un nombre égal de ministres d'Etat et à la majorité des deux tiers ; que l'expression *de circonstances graves*, soit développée et caractérisée avec exactitude ; et que l'usage de cette faculté subisse l'investigation des Chambres, pour être approuvé ou condamné.

A l'égard de la suspension, le cautionnement peut être conservé, comme il est dit dans le projet, et de plus le scellé peut être apposé.

L'envoi d'un autre journal aux mêmes abonnés et le tirage plus considérable d'un journal analogue, peuvent être prohibés.

Enfin, le gouvernement doit être armé contre la reprise du journal suspendu, du droit d'arrêter pendant un ou deux mois, toute entreprise nouvelle de journaux, de contester la déclaration du journal qui serait soupçonné de reparaître sous un autre nom, et même après avoir exigé le serment des propriétaires, lors de leur déclaration, de poursuivre le délit, à titre d'acte frauduleux.

Hommes monarchiques, que faites-vous donc?

Vous avez adopté, il y a six ans, vous avez approuvé depuis ce temps le principe de la censure facultative.

Et certes vos maximes n'ont point varié en mal; les circonstances n'ont point varié en bien. Ce n'est ni le cri de votre conscience, ni l'aspect de notre situation qui vous impose une autre manière de voir, d'agir.

Mais un ministre odieux, a fait deux fois l'usage le plus criminel de cette faculté : première cause de répugnance instinctive, d'aversion irréfléchie.

Mais le même ministre, soit qu'il garde encore des espérances, soit qu'il se complaise à semer le trouble, semble menacer de son retour : seconde cause de craintes exagérées, de défiances redoublées.

Et, comme il ne vous est pas donné de parer un tel péril, vous tentez à tout prix, par toute voie, d'atténuer les chances, d'amortir le coup.

Voilà la forteresse dont l'ennemi fut expulsé, où l'ennemi prétend rentrer : il n'y a pas moyen d'en garder les entrées, de surveiller les complots, de repousser les attaques.

Aussitôt le parti est pris : il faut raser les remparts, enlever les armes, couper les vivres : vienne ensuite l'ennemi ! s'il s'en empare, il n'y pourra tenir.

Telle est l'image vraie.

Cependant pourquoi tant de saintes colères, tant de haines généreuses, s'élevaient-elles contre l'ancien cabinet ? Sans doute parce que son système tendait à compromettre, à perdre la monarchie.

Eh ! mais, c'est travailler à frais communs, à l'œuvre de perdition ; car après qu'il a réussi à la priver de tant d'auxiliaires, on n'aspire qu'à lui ravir tous moyens de défense.

En sorte que le trône ainsi préservé des sourdes menées, sera d'autant plus exposé aux aggressions violentes ; que le trône enfin garanti contre le retour du ministre, ne devra plus être abattu que par le premier venu.

Que répond-on à cela ?

Et, pour parler d'une des mesures les plus périlleuses, qui puisse dériver de l'étrange erreur des meilleurs royalistes, que répondra-t-on à cette pensée, exprimée sous le régime de la censure, au sujet d'un acte scandaleux, au nom d'un écrivain indignement traité ?

« La loi existe : et certes elle n'est nullement à blâmer, sauf par les artisans de troubles, contre qui elle fut dirigée.

« Le droit de censure est analogue au droit de guerre : que ce soit au dehors ou au dedans, avec l'épée ou avec la plume, si l'ennemi se met en mouvement, se montre en force, le gouvernement doit de toute nécessité, être autorisé à déployer l'oriflamme de la guerre, ou à se couvrir de l'égide de la censure. » (*Procès de la Pairie.*)

Que répondra-t-on à ces considérations publiées pendant la discussion du projet sur la presse périodique, et ensuite appliquée aux circonstances actuelles ?

« Toutefois l'abus de la censure ne semble pas, dans ses plus fâcheux résultats, pouvoir être balancé avec les précieuses garanties que doit porter, en certains cas, l'emploi de la censure. Si l'arbitraire non contrôlé, non réprimé, menace d'entraîner le char de l'État dans un bourbier, d'où nul effort ne sera capable de le tirer, au moins il faut un certain laps de temps, avant que cette honteuse fin soit accomplie ; tandis qu'en un clin-d'œil, à l'heure même, quelque crise révolutionnaire, éclose dans des circonstances opportunes, est appelée peut-être à le précipiter jusqu'au fond de l'abîme, où l'œil étonné ne saurait plus en apercevoir les tristes débris. » (*Des Journaux*, etc.)

Que répondra-t-on aux réflexions suscitées par la conduite de ces funestes ministres, auxquels par cela même qu'ils avaient tant compromis la royauté, la haute raison prescrivait, autant que le pouvoir leur restait, autant que le pouvoir leur reviendrait, d'accorder les moyens de la défendre, de la maintenir, de la remettre intacte à la garde de successeurs plus dignes.

« Ministres trop chanceux cette fois, félicitez-vous, glorifiez-vous, s'il se peut que vous en ayez le cœur ! ce sont vos méfaits mêmes qui contraignent à vous laisser, en dépit de tant de craintes, l'égide préservatrice de la censure ; vos méfaits qui luttant incessamment contre les insignes faveurs du ciel, ont ravi à la France royaliste, toute union, toute force, toute espérance, et l'ont dissoute comme en poussière ; vos méfaits qui, en sens inverse, ont laissé se recruter, se constituer en corps de nation, possédant ses lois et ses chefs, jouissant de la puissance du nombre et de l'habileté du génie, la France libérale. » (*Ibid.*)

Il faut répondre pourtant, ou se rendre.

Dans quelque position qu'il ait été placé par le mérite ou jeté par le sort, l'homme est dominé, quant à la formation de sa volonté, par l'influence souvent perfide des souvenirs qui assiégent et des craintes qui tourmentent, l'homme est entravé quant à la manifestation de sa volonté, par le poids des circonstances qui l'obligent à dévier de sa ligne propre ou lui opposent des barrières difficiles à franchir.

C'est ce qu'on appelle la force des choses : expression empreinte d'un caractère vague et confus, attendu que notre langage se tient nécessairement en rapport avec la nature de notre esprit.

Or, dans le système du balancement des pouvoirs, la volonté ministérielle, dépourvue d'une puissance essentielle, inhérente à son être et comme suspendue entre des attractions, des répulsions perturbatrices, doit subir cette fatale condition.

Il lui faut pour accomplir la tâche la plus délicate, emprunter et céder d'un bord ou de l'autre, se prêter et se modifier au besoin; car après tout, l'accord entre des parties adverses, ne saurait se conclure que sur des termes mitoyens, ainsi qu'il ne peut être réglé que par des arbitres impartiaux.

Il n'y a donc ni à s'étonner, ni à blâmer, de ce que le cabinet propose l'abolition de la censure facultative : mais aussi au lieu de l'accepter à cause qu'elle est proposée par le cabinet, il y aurait plutôt à rechercher, quelle est sa pensée abstraite, à part de la réaction des circonstances, quelle serait son opinion absolue, en l'absence de tout obstacle, de toute contrainte.

L'exposé des motifs nous l'apprend :

« L'état actuel des choses est loin de remédier au mal, mais il est préférable encore, aux dangers d'une licence sans bornes, qui, dans son aveugle délire, dévorerait les libertés publiques elles-mêmes. »

On ne peut s'exprimer plus nettement, plus fortement : l'aveugle délire d'une licence sans bornes, emporte le droit ou plutôt impose le devoir de consacrer la censure facultative ; sauf toutefois, que d'autres moyens ne puissent y suppléer. A défaut de ces moyens, la censure est invoquée, est implorée, au nom même des libertés publiques.

« La liberté de la presse si vivement réclamée il y a quarante ans, ne tarda pas à être engloutie dans l'abîme des révolutions.... Il nous faut donc une loi fortement répressive, si nous voulons que la presse demeure libre. »

En conséquence (comme il est dit ensuite), dans la loi nouvelle qui doit fonder le droit commun de la presse périodique, toutes les précautions sont prises.

« Et ces garanties remplaceront avec avantage, cette censure facultative, dont l'établissement était un signal de péril et qui devenait elle-même, un véritable danger. »

Ainsi, il est reconnu à titre d'axiome, que la censure est préférable aux risques de la licence; en sorte que les chambres ont seulement à résoudre la question de savoir, si les garanties du projet, remplaceront avec avantage la censure facultative; en sorte que si leur opinion sollicitée par l'autorité, était pour la négative ou seulement restait dans le doute, dès lors au jugement du ministère, la censure doit être conservée.

Sur quoi, il y a au préalable, un mot à dire, un mot bref et sec, qui tranche le nœud, autrement si pénible à dénouer : c'est que leur opinion la plus décidée dans le sens affirmatif, ne serait jamais fondée qu'en théorie, et serait peut-être trahie par l'évènement comme il arrive trop communément.

Il semble même que le cabinet n'est pas exempt d'inquiétudes à cet égard.

« Nous ne nions pas que des circonstances impérieuses ne puissent commander des lois d'exception... mais croit-on que les mêmes circonstances impérieuses qui imposeraient une censure précipitée, ne commanderaient pas immédiatement la convocation des chambres. « (*Le Messager des Chambres*, 9 avril.)

« Au jour de l'invasion et de la révolte, où le droit commun serait impuissant, la royauté serait toujours assez forte, avec le concours des hommes de bien, avec celui des chambres, en vertu du droit inhérent à sa nature, pour sauver l'état et les lois elles-mêmes. » (*Exposé des motifs.*)

Ces paroles sont infiniment remarquables.

Le ministère expose le pour et le contre, étant plus à même que les chambres de connaître ce qui est, de présumer ce qui sera.

Le ministère propose un texte de loi, étant seul en droit d'exercer l'initiative au nom de la couronne.

Et non-seulement le devoir l'y contraignait, afin que les peuples poussés à l'état d'aigreur et de défiance, ne pussent craindre désormais les complots de l'arbitraire.

Mais encore l'honneur le lui prescrivait, de peur que le soupçon rendu trop légitime, ne vînt l'atteindre et paralyser en ses mains, la puissance du bien.

Une phrase du *Messager des chambres*, en porte la preuve.

« Une telle disposition invite à l'abus, et c'est ce qui est arrivé : le mot *circonstance grave* a été effacé par la main de quelques ministres... Il est donc essentiel qu'une telle disposition disparaisse. »

Le ministère propose : les chambres disposent.

Elles ont à prononcer, à proclamer :

En premier lieu, s'il est moralement impossible, que des circonstances graves, impérieuses, se présentent, où le droit commun soit impuissant, qui doivent commander des lois d'exception ;

En second lieu, si dans ce cas, il serait préférable que la couronne fît usage d'une faculté légale, formellement accordée à cet effet, ou qu'elle agît en vertu du droit inhérent à sa nature, tellement sujet à être entendu suivant le bon plaisir.

Car à moins que l'invasion et la révolte soient annoncées avant que d'éclater, le concours des chambres n'apporterait jamais le remède, qu'après le mal consommé.

Or, sur ces deux points, parmi les députés, parmi les pairs, qui donc lèverait la main ?

Article 3 de la loi de 1822. « Dans le cas où l'esprit d'un journal, ou écrit périodique, résultant d'une succession d'articles, serait de nature à porter atteinte à la paix publique, au respect dû à la religion, à l'autorité du Roi, à la stabilité des institutions, etc., etc.; les cours royales pourront en audience solennelle, prononcer sa suspension, d'abord pour un mois, puis pour trois mois, et après la double récidive, sa suppression définitive. »

Lisez et tremblez : voilà que toutes nos libertés sont en péril flagrant; voilà que l'arbitraire est installé en grande pompe.

Personne ne voudra écrire; personne ne pourra lire : partant, les hommes ne s'entendront plus; la société restera stationnaire. C'est un nouveau Josué, qui crie à cet astre si brillant et parfois brûlant de la civilisation, à la veille d'atteindre à son apogée, *sta sol*.

Voyons toutefois ! analysons le fulminant article, dans ses effets antérieurs, dans ses futurs résultats, même en sa substance réelle.

Depuis sa promulgation, pendant cette mortelle période de six années, sous laquelle tout a été perverti, interverti, au sein des cœurs comme des esprits, qu'est-il donc advenu, par suite de cet article ?

Un ou deux arrêts de suspension, il y a déjà trois ou quatre ans;

Et il y a deux ans, ce mémorable arrêt d'absolution, judiciaire dans la forme, et politique quant aux motifs.

D'où il appert que l'article a pour seul défaut, d'être trop rarement mis en pratique et que les magistrats offrent les garanties les plus efficaces, devant juger en hommes de loi, les délits du journalisme, en hommes d'État, les torts du ministérialisme : double fondement de repos pour l'opinion publique.

Or, le passé répond de l'avenir.

D'abord, dans l'avenir contigu qui n'est autre que le présent prolongé, c'est-à-dire sous le ministère actuel, certes il n'y a rien à craindre des entreprises arbitraires et dès lors il n'y a plus qu'à espérer, de la répression judiciaire.

Puis, soit que ses successeurs doivent être royalistes ou libéraux, et quand même ils reprendraient les erremens de l'ancien cabinet, la cour royale est là ; laquelle tiendrait l'inflexible balance entre les prétentions aussi fatales, de l'autorité, de la liberté.

Enfin si l'ancien cabinet pouvait être réintégré,

la cour est encore là ; qui ainsi appelée par la force même des choses, à l'exercice d'une politique transcendante, ferait comme elle a fait.

Où sont donc les périls ? Rien que dans l'idée ; rien qu'au creux du cerveau : et c'est justement en ce siège inaccessible à la lumière des faits, à la puissance des raisons, que s'élèvent ces tempêtes de l'imagination, ces trombes impétueuses dont les ravages bouleversent la surface du monde.

A peine dégagée du joug le plus lourd, l'idée enivrée de joie, emportée par la fougue, est saisie de colère, au seul aspect des entraves tutélaires, du frein miséricordieux, que prépare à tête reposée, que réserve pour le moment d'une crise peut-être mortelle, la providence des lois.

Faudrait-il donc écouter des sons inarticulés ? Faudrait-il céder le pas à des fantômes, courber la tête devant des rêves ? Et cela, au prix de la paix de l'État, du salut de l'État.

Mais c'est le journalisme dont le fameux article menace les intérêts privés, au cas qu'il menaçât les intérêts publics, qui avec un art astucieux, a monté ainsi les têtes, a recruté des auxiliaires parmi ses victimes, a rallié une masse d'élémens étrangers, autour du plus frêle noyau.

Pauvre opinion publique ! que n'est-il possible de

l'isoler de toute influence , de l'abriter contre toute intrigue , de la confiner sous clef et la laisser en tête à tête avec elle-même ? C'en serait fait de son être ; car, ainsi que la pâle lune, elle n'a de mouvement que par impulsion, de lumière que par réverbération.

Ne s'agit-il que de l'induire en erreur, la recette est facile.

Seulement qu'on substitue un mot à l'autre, en prenant soin que le nouveau ait un sens tout contraire à l'ancien ; et qu'on fasse ronfler sans cesse, de concert, ce mot d'invention.

L'esprit se prend par l'ouïe : au retour fréquent des mêmes sons, l'impression se grave, se fixe de plus en plus, effaçant les traces de la première empreinte ; en sorte que la notion vraie disparaît, échappe aux recherches de la pensée.

Tel fut le stratagème.

La loi fort innocente à cet égard, ne parlait que de l'esprit d'un journal résultant d'une succession d'articles qui seraient de nature à porter atteinte, etc.

Et vis-à-vis ces termes, la licence personnifiée s'essoufflerait vainement à blâmer, à critiquer, à déblatérer : elle en serait pour ses frais de papier et d'encre , d'esprit et de style, peut-être.

Aussi qu'a-t-elle fait, que fait-elle ?

Déja le texte de la loi, si par hasard il a été

lu, est oublié à jamais : qu'il n'en soit plus question.

Mais écoutez le cri unanime, continu, redoublé, que renvoient tous les échos de la sottise, de l'ignorance, de l'étourderie.

« On a créé le délit de tendance ; on intente des poursuites en tendance ; on prononce des condamnations pour tendance. Quelle horreur ! »

C'est assez. Le mot de tendance qui ne se rencontre pas dans la loi, est censé constituer la loi ; elle est jugée, proscrite, abolie, sous ce titre pseudonyme.

Maintenant, supposons qu'il n'existe pas de journaux ou qu'ils ne trompent pas, ou qu'on ne se laisse pas tromper : conditions dont l'une perdrait, l'autre servirait et la dernière sauverait l'État.

Car le journalisme, antidote indispensable contre le poison du ministérialisme, en injectant, en inoculant au sein des têtes, telle et telle idée fabriquée à plaisir et façonnée d'avance, produit l'effet d'obscurcir le rayon de l'intelligence, d'amortir le travail du jugement, de faire avorter à peine en germe, l'opinion publique.

Eh bien ! dans la loi alors réduite à son texte, ni quant au nom, ni quant au sens, il n'apparaît rien de la supposée tendance.

La loi parle de l'esprit d'un journal : est-ce sur ce point que l'on dispute? est-ce devant ces mots qu'on se révolte? Toute œuvre intellectuelle n'est-elle pas conçue, écrite, publiée dans un certain esprit ? Ne faut-il pas quelque principe préexistant pour lui donner la vie, quelque fin préétablie pour indiquer sa ligne.

On parle souvent de l'esprit de Voltaire et de Rousseau, de l'esprit des lois et de l'histoire, de l'esprit du royalisme, du libéralisme. Chaque acte rend un trait partiel de l'esprit ; la suite des actes rend l'image complète de l'esprit : attendu que l'homme, aussitôt qu'il s'élance hors de la sphère animale, est tout esprit.

Sans garder tant de réserve, la loi eût été plus claire et plus vraie à la fois, en parlant de l'esprit de parti d'un journal ; et certes, nul ne se serait élevé contre cette manière de s'exprimer ; nul n'aurait nié les dangers, n'aurait repoussé les garanties.

Or, il est évident que l'esprit d'un écrit, ainsi que l'esprit d'un homme, ne peut être apprécié qu'en vertu, qu'à l'aide du pouvoir discrétionnaire ; lequel pouvoir, dont le nom seul fait peur, se montre cependant sur tous les points de l'organisation sociale et notamment, est attribué au jury, avec une latitude presque illimitée.

De même que le jury se voit obligé à écouter les témoignages, les interrogatoires, bien qu'il reste libre de leur influence, dans son jugement: de même la loi entend que la cour apprécie l'esprit d'un journal, en ce qu'il résulte d'une succession d'articles, c'est-à-dire en tant qu'il s'est manifesté et développé, au moyen d'articles en nombre, d'articles en analogie entre eux, d'articles en conséquence l'un de l'autre.

Avec cette différence capitale que la cour est contrainte à juger l'esprit, sur la teneur desdits articles; qui viennent ainsi à titre de faits réels, de preuves matérielles et subissent un examen légal, judiciaire, comme dans tout autre procès.

C'est seulement après l'analyse des preuves, après le recensement et le recollement des faits, que la cour est appelée à juger l'intention innocente ou coupable, à juger l'esprit : acte tout intellectuel, où sans doute intervient le pouvoir discrétionnaire, mais en un degré moins élevé que dans l'institution du jury.

Et voyez par quelle scrupuleuse délicatesse cette feuille volante, écrite à tant par ligne, dictée par l'intérêt, adressée aux passions, ne sera accusée, condamnée qu'en audience solennelle ; tandis que notre honneur, notre fortune, sont perdus ou sauvés, par la chance de quatre voix contre trois, et que la liberté, la vie nous sont laissées ou ravies, d'un coup de dés entre les premiers venus.

Voyez comment la mission relative aux journaux sera confiée à cette même cour qui protégea les libertés et préserva l'autorité, à cette cour impassible, imperturbable, qui porte seule les caractères essentiels de la justice; au lieu que le jury investi de cette fonction, eût passé de l'impunité à l'iniquité; suivant la faiblesse ou la violence du gouvernement, toujours compromettant l'ordre social et tour à tour menaçant d'un bord ou de l'autre; naguère proscrivant les Débats, aussi bien que le Constitutionnel; maintenant interdisant la Quotidenne en même temps que la Gazette.

Ainsi l'esprit aura été apprécié d'après des faits positifs; l'esprit ne devra être réprimé qu'en raison des faits coupables.

Et la criminalité n'est attribuée aux faits ou aux articles du journal, qu'autant qu'ils portent atteinte, par des coups successifs, à ces objets sacrés, la paix publique, le respect pour la religion, l'autorité du Roi, la stabilité des institutions, etc.

Mais il n'y a point de délits dont les conséquences soient plus funestes, dont l'intention soit aussi réfléchie, aussi calculée; il n'y a point d'arrêts dont les considérans soient plus manifestes, dont le dispositif soit aussi tutélaire.

Dans ce mode, qui est nouveau sans doute, attendu que la matière judiciaire est de nouvelle sorte, le jugement final et formel présente l'expression réduite de tous les jugemens provisoires et tacites, sur chacun des faits isolés.

Le jugement est prononce, comme dans le cas de la récidive souvent réiterée et long-temps prolongée, sauf cependant que la peine n'a pas été appliquée à la survenance de tel et tel délit partiel, et que tous les délits saisis en masse, sont frappés d'une peine unique.

En point d'équité, comme en fait de sécurité, rien n'est comparable.

De plus, par une chance heureuse, la suspension judiciaire qui s'opère en vertu d'un arrêt duement motivé, qui n'atteint que le journal vraiment incriminé, pourrait peut-être remplacer à un certain point, la censure facultative, dont le caprice dispose parfois, dont le joug atteint tous les journaux sans exception.

Car dans les circonstances les plus graves, où quelques journaux seulement aggravent le péril, tandis que les autres, au contraire, tendent à ranimer, à rallier les esprits; l'aveugle censure pour parer les coups de l'ennemi, enlève les armes

aux auxiliaires, au lieu que la suspension abat-
trait celui-là sans enchaîner ceux-ci.

En finissant, il faut rendre un juste hommage
au ministère dont l'esprit s'est montré habile à
saisir la nécessité des choses, dont le caractère
n'a pas reculé à faire valoir, au milieu des cris tu-
multueux, les injonctions du devoir.

Sous ce rapport, son projet diffère à peine de
la loi actuelle, hors que le droit assez superflu de
la suppression est retranché et que l'arrêt de la
suspension est porté, au sujet d'un fait distinct,
d'un simple article, dès la première récidive.

C'est le même principe, le principe fondamen-
tal de la matière, qui, dans l'intention louable de
ne pas révolter les esprits frappés de l'idée de
tendance, a été, non pas essentiellement altéré,
mais plutôt autrement appliqué.

Tellement qu'il y aurait à adopter volontiers,
ou même à appuyer de préférence, le mode pré-
senté dans le projet ; surtout si par ce moyen, la
plus parfaite certitude était acquise, sur l'accom-
plissement de ces paroles de l'exposé, lesquelles
contiennent la seule jurisprudence, toute la jurisprudence des journaux.

« Tout-puissans avec la loi, inflexibles comme
« les oracles, les magistrats ne balanceront jamais
« à suspendre le journal dangereux qui aura plu-
« sieurs fois porté atteinte à la paix publique. »

EXTRAITS RELATIFS

A LA SUSPENSION JUDICIAIRE.

———

Un seul point reste à traiter. La langue française, tant de fois maniée et remaniée, est devenue équivoque, ambiguë, hiéroglyphique : elle sait dire à la fois tout et rien, tout à ceux-ci, rien à ceux-là ; c'est un chiffre dont les affidés ont la clef : on passe par-dessus la lettre, on va droit à l'esprit.

Laissez donc la lettre en paix, et donnez la chasse à l'esprit. Si l'esprit parle seul, agit seul, ne vous en prenez qu'à lui ; saisissez le sens plutôt que les mots, la pensée plutôt que les phrases. Pour punir équitablement, pour prévenir efficacement, il importe d'apprécier la culpabilité sous un aspect qui soit pris de haut, qui embrasse l'ensemble, et en raison de l'effet moral que l'œuvre tendait à produire. C'est l'esprit du journal qui doit être traduit par devant la tutélaire justice.

Et qui donc oserait se plaindre que les délits de la presse périodique fussent assimilés quant au mode de jugement, aux délits qui ressortent des cours d'assises ? Un homme a été tué ; ce n'est pas l'arme qui est coupable, ce n'est pas même la main. Y avait-il intention ? y avait-il préméditation ? y avait-il complicité ? La culpabilité du fait tient à la première condition; la gravité du fait est déterminée par les dernières.

Quant à l'arme de la presse, les mots représentent la charge, et le style est l'amorce. Mais qui est-ce qui dirigea le coup et lâcha la détente? Qui est-ce qui trama le guet-à-pens et s'enrôla dans une bande? Qui est-ce qui en ce moment même, à la barre du tribunal, couve des desseins de récidive? L'esprit sans doute.

Pour rendre le parallèle parfait, il ne manque que le jury, vulgairement appelé le jugement par ses pairs, dont la différence avec l'ancien ordre de la justice, est caractérisée par les élémens de passion et de caprice qui s'y développent, et ne sont neutralisés que par l'influence du gouvernement.

La justice de la loi se démontre en peu de mots. C'est en raison de l'intensité du mal opéré, que s'élève le degré de criminalité du délit, et c'est sur le degré de criminalité, que doit être mesurée la gravité de la peine. Or, un article isolé et flottant dans l'espace, se borne à frapper, à émouvoir, et ne saurait susciter un sentiment fixe, exercer une influence durable; souvent même, d'autant qu'il sort du ton accoutumé, d'autant qu'il s'emporte hors de la convenance, la répugnance plutôt que la faveur, se charge de lui répondre. Le venin du mal, quelque pénétrant qu'il soit, ne s'imbibe qu'avec le temps, que par une action lente et successive, aux entrailles les plus avides.

Le mal, le délit, la peine, tout cela ressort en raison

comme en équité, de telle ou telle série d'articles, conçus dans le même sens, jetés à certains intervalles, développés avec un art progressif, lesquels manifestent l'intention, déterminent le résultat et constituent l'esprit du journal.

L'utilité de la loi est également sensible ; la peine de prison est décevante, le dommage des amendes est illusoire : la punition, la correction, la répression ne s'obtiendront que par un seul mode, par le mode de suspension et de suppression ; et il serait impossible de prétendre en théorie, plus qu'impossible de faire passer en pratique, que l'une ou l'autre de ces peines fût prononcée, à raison d'un ou deux articles, peut-être échappés dans la vivacité du travail et toujours expliqués, justifiés en une manière quelque peu plausible.

Les arrêts de suppression doivent être très rares : quel que soit le sens du journal, c'est ravir son organe à un parti, c'est priver de la critique les opinions erronées, c'est réduire une concurrence, une rivalité qui tend à atténuer le mal même : et ce mode de punition ne laissant plus aucune espérance, détermine les propriétaires à traiter avec un journal analogue.

Il est préférable de ne faire usage que du droit de suspension, en prolongeant le terme à raison de la gravité et de la récidive des délits : ainsi les propriétaires ne sont point enclins à céder leur clientelle, et soit qu'ils engagent leurs abonnés à prendre patience, soit qu'ils leur expédient un autre journal, ce ne sera jamais sans en perdre un certain nombre. Telle est la vraie, la seule punition.

La peine de prison est déja éludée et le serait davantage encore lorsqu'elle devrait atteindre des personnes marquantes ; le prix des amendes est plus que compensé par la foule d'abonnés qu'attire le scandale du procès. Il n'existe de moyens efficaces de répression que par la suspension, par la suppression ; l'une qui resserre l'écoulement, l'autre qui tarit la source.

Or la loi étendant sa prévoyance au-delà des vues de l'article premier, et remarquant qu'il importe également d'empêcher que le journal condamné s'associe avec un autre journal ou le substitue en sa place, la loi, pourrait défendre l'envoi de tout journal, pendant un certain temps, aux abonnés du journal supprimé ou même suspendu, et empêcher le tirage d'un plus grand nombre d'exemplaires, pendant ce temps, pour toutes les feuilles de couleur analogue.

La loi pourrait accorder aux ministres, le droit de refuser l'autorisation non par un *veto* absolu, mais d'une manière suspensive pendant un ou deux mois ; elle pourrait leur donner le pouvoir d'intenter une action en justice, contre tout journal soupçonné de remplacer le journal condamné.

Et qu'on y songe bien, les moyens les plus rigides sont à la fois efficaces et tutélaires quand leur exercice est déféré à la justice, tandis que des moyens doux en apparence deviennent perfides, désastreux, dès lors que leur emploi est abandonné à la police.

Au reste, le projet actuel, s'il devait être transformé en loi, répond à tout. Quand même tous les autres articles seraient mis au rebut, il suffirait de celui qui permet aux ministres de contester la déclaration des nouveaux journaux et de renvoyer la cause aux tribunaux, pour mettre l'Etat à l'abri du risque de voir ressusciter, sous un autre titre, le journal supprimé ou suspendu. Un tel procès durerait, en première instance, près de deux ou trois mois, pendant lequel temps, les abonnés prendraient enfin leur parti ; en sorte que le journal ressuscité serait réduit à travailler sur nouveaux frais. (*Les Journaux*, etc.)

Imprimerie d'A. Pihan Delaforest,
rue des Noyers, n. 57.